Auguste Ehrhard

DE CLERMONT A MUNICH

Lecture faite à la Réunion générale annuelle

DE LA

SECTION D'AUVERGNE DU CLUB ALPIN

Le 3 Décembre 1893

CLERMONT-FERRAND

IMPRIMERIE TYPOGRAPHIQUE ET LITHOGRAPHIQUE G. MONT-LOUIS
2, Rue Barbançon, 2

1893

Auguste Ehrhard

DE CLERMONT A MUNICH

Lecture faite à la Réunion générale annuelle

DE LA

SECTION D'AUVERGNE DU CLUB ALPIN

Le 3 Décembre 1893

CLERMONT-FERRAND

IMPRIMERIE TYPOGRAPHIQUE ET LITHOGRAPHIQUE G. MONT-LOUIS
2, Rue Barbançon, 2

1893

DE CLERMONT A MUNICH

LECTURE FAITE A LA RÉUNION GÉNÉRALE ANNUELLE
DE LA SECTION D'AUVERGNE DU CLUB ALPIN

Le 3 Décembre 1893

L'été dernier, le Théâtre royal de Munich donnait une série de représentations exclusivement consacrées à Wagner. Enthousiaste admirateur de la musique du maître, mais admirateur non moins fanatique des beautés de la nature, j'avais devant moi une occasion exceptionnelle de donner ample satisfaction à ma double passion de mélomane et d'alpiniste. Entre l'Auvergne et la Bavière se placent des régions qui appartiennent aux plus splendides de l'Europe ; il s'agissait de combiner un itinéraire qui m'en fît traverser les principales. Je n'avais pas à me préoccuper des moyens de locomotion, étant décidé à faire la plus grande partie de la route à pied. Mon plan fut très sagement dressé. Comme je disposais d'un temps à peu près illimité, je mesurai prudemment mes étapes ; la plus longue devait être de 34 kilomètres ; à celles qui promettaient d'être les plus fatigantes, j'avais soin de faire succéder des trajets en chemin de fer ou en bateau, ou bien de petites courses anodines. Toute ascension dangereuse ou seulement pénible était écartée. Mon projet paraissait tout à fait raisonnable sur une belle feuille de papier où je l'avais détaillé avec complaisance. Il me fixait, jusqu'à l'arrivée à Munich, un total de 23 jours de voyage, dont 16 de marche, avec un parcours à pied de 480 kilomètres. Cela me faisait une moyenne de 30 kilomètres par jour. Ce n'était pas m'imposer des efforts exagérés, et tout eût été fort bien si je m'étais conformé à ces prudentes dispositions.

Donc, le 6 août dernier, je quittais Clermont et je me rendais directement, par le chemin de fer et la diligence, à Chamonix en passant par Lyon, Aix-les-Bains et Cluses. Aux environs du Fayet, mille traces rappelaient encore l'épouvantable catastrophe qui avait détruit, l'année précédente, les bains de Saint-Gervais : il me semblait que je voyais pour la seconde fois ces lieux désolés, tant était profonde l'impression laissée en moi par le récit que M. Durier avait fait du désastre avec cette émotion et cette puissance d'évocation qui vous a tous saisis.

Chamonix fut le point de départ de mes marches. Jamais je n'oublierai cette superbe matinée où, aux premiers rayons de l'aube, tandis que tout dormait encore, je m'élançai d'un pas joyeux sur la route de Martigny. J'étais seul dans la fraîcheur et le silence du jour naissant ; mais une amie m'envoyait les plus gracieux saluts, me chuchotait les propos les plus doux et se parait pour me plaire de ses atours les plus séduisants. Cette amie, c'était la nature avec laquelle il me semblait que je contractais une alliance intime. Mon imagination personnifiait la montagne blanche que rougissaient légèrement les premiers feux de l'aurore ; je voyais en elle comme une fiancée cachée sous ses voiles et dont la joue s'empourpre à l'approche du bien-aimé.

La veille, mon impression n'avait pas été si pure. J'avais traversé banalement la première partie de cette vallée merveilleuse en diligence, avec des personnes étrangères, des gens quelconques, dont l'enthousiasme gênait le mien. Ce n'était pas pour moi seul que la montagne était belle, et j'étais presque de mauvaise humeur, avec un grain de jalousie, comme serait un amant ou un mari dont la femme se mettrait en frais pour tout le monde. Mais, ce matin-là, je me croyais seul sur terre, seul fait pour comprendre toutes ces magnificences et pour m'en réjouir.

C'est un sentiment égoïste, si vous voulez, mais n'y a-t-il pas de l'égoïsme dans tous les grands plaisirs et dans les passions intenses ?

Ni la chaleur qui commençait à être très forte, ni le poids de mon sac que je n'étais pas encore habitué à porter ne gâtèrent la joie extrême que me causaient le panorama du Mont-Blanc, les mugissements de l'Arve, le spectacle de la Mer de Glace et plus loin celui du glacier de l'Argentière. Arrivé au Chatelard, au lieu de suivre la route plus fréquentée qui mène à Martigny par la Tête-Noire, je pris à gauche le chemin un peu plus pénible mais infiniment plus pittoresque qui aboutit à Vernayaz, dans la vallée du Rhône. J'étais tellement exalté par les beautés qui s'offraient à mes regards, que dans une localité nommée le Triquant, où je m'étais arrêté pour déjeuner, je ne pus tolérer la vue de quelques Anglaises hideuses qui garnissaient la table d'hôte et qu'après un rapide repas, malgré une température de feu, je repris ma marche, je devrais presque dire ma course, dans la direction de Vernayaz. A quatre heures, j'avais non-seulement fini mon étape, mais encore visité, auprès de Vernayaz, la célèbre cascade de Pissevache, qui me procura un délicieux rafraîchissement par la pluie fine qu'elle répand aux alentours, et j'avais pénétré dans les grandioses gorges du Trient, où, sous d'imposantes voûtes naturelles, gronde un torrent impétueux. Pour mon début, j'avais fait une marche de 40 kilomètres ; il n'y avait pas lieu d'être mécontent. Mais déjà je violais mon sage programme.

Il serait peu intéressant de vous raconter en détail les étapes suivantes, qui m'ont mené, en remontant le cours du Rhône, à la Furca, puis au Saint-Gothard. La vallée du Rhône, bien que j'en eusse traversé une grande partie en chemin de fer jusqu'à Brigue, m'a paru un peu longue, malgré des passages intéressants, et je ne conseillerai à personne de la parcourir à pied comme je l'ai fait. C'est seulement au glacier du Rhône qu'il est bon de mettre ses jambes en mouvement. Cet énorme glacier, d'un accès tout à fait facile, est très curieux à visiter de près, avec ses blocs amoncelés, ses profondes crevasses et sa grotte taillée dans la glace aux reflets bleus.

Un homme raisonnable mettrait trois jours pour franchir à pied les 99 kilomètres que l'on compte depuis Brigue jusqu'à Gœschenen, la station de chemin de fer située à l'entrée nord du tunnel du Saint-Gothard, et c'était bien trois jours que j'avais inscrits sagement à mon itinéraire. Mais quelle mouche me piqua en route? Je ne sais; je subissais un entraînement tel que je franchis la distance en deux étapes, et encore inégales, puisque le second jour j'arrivais au total de 52 kilomètres. L'air de ces montagnes était tellement vivifiant, me fouettait si bien le sang que, bien que j'eusse passé toute la matinée à gravir les pentes de la Furca, le soir je n'éprouvais encore aucune fatigue. Auprès d'Andermatt, j'offris à deux jolies filles qui portaient un gros paquet, de le mettre sur mon sac, mais elles me trouvèrent sans doute un air de vagabond et, pleines de méfiance, elles refusèrent.

Messieurs, n'imitez pas mon exemple ; soyez moins impatients de dévorer l'espace quand vous serez dans cette région du Saint-Gothard. Laissez-vous attarder, dans certain petit hôtel d'Andermatt, aux charmes d'une causette avec l'intelligente et gentille propriétaire et n'abrégez pas l'agréable repos qui vous est offert sous son toit, pour obéir, comme je l'ai fait sottement, au pressant désir de franchir le Trou d'Uri et le Pont du Diable, bien que ce magnifique passage doive vous enchanter par sa sauvage beauté.

Ma marche forcée de 52 kilomètres, avec des différences de niveau de 1,100 à 1,200 mètres, a d'ailleurs été, je le suppose, la première cause de douleurs aux pieds qui ont failli compromettre la fin de mon entreprise.

Jusqu'à présent, le caractère général de mon voyage, aussi bien des paysages traversés que des dispositions où je me trouvais, c'était la vigueur. Les puissantes masses couvertes de neige, les amoncellements de rochers sans verdure provoquent chez le marcheur une énergie dont il ne serait pas capable dans des sites moins farouches. Au Saint-Gothard s'ouvrit pour moi une sorte d'intermède d'un caractère tout différent; je fis comme une halte, comme une sieste, entre deux séries de vaillants efforts. Je pris à Gœschenen le train pour l'Italie. Au sortir de l'interminable tunnel, en descendant cette féerique vallée du Tessin dont il m'est resté une vision éblouissante, je me sentais gagner par une invincible mollesse. Il faut dire que la chaleur était extrême. Néanmoins il me semble qu'en toute saison l'on doive se plaire à se laisser promener au milieu de cette végétation méridionale, à jouir des délices de l'indolence et du repos parmi ces sites gracieux. En vain dans une contrée riante Bellinzona essaie de prendre un air imposant et sévère avec ses vieux remparts et ses trois châteaux-forts. Déjà le pays d'alentour invite au doux *farniente*. On ne s'imagine pas quelqu'un longeant à pied le lac Majeur. On n'a rien de plus pressé, au contraire, que de prendre, comme je l'ai fait, le bateau à Locarno, et après s'être laissé mollement bercer au mouvement des vagues, on débarque à quelque ville voluptueusement étendue sur la rive, par exemple à Pallanza.

Chacun d'entre vous, Messieurs, garde dans sa mémoire certains noms qui opèrent, quand on les prononce, comme un charme magique. Ils évoquent un monde de délicieux souvenirs et répandent sur votre existence quotidienne, même d'un lointain très reculé, les reflets dorés d'heures divines passées dans le ravissement. A plusieurs noms qui avaient pour moi ce pouvoir d'une formule de fée bienfaisante, aux noms de Naples, d'Interlaken, de Salzbourg, de Budapest, s'est ajouté le nom de Pallanza. Oh! les douces flâneries le soir au bord du lac, lorsque la brise, qui a couru sur les eaux, vous fait respirer librement après les journées étouffantes, lorsque les femmes qui vous semblent, on ne sait pourquoi, plus belles et plus poétiques, se répandent sur le rivage et gazouillent leur langue mélodieuse. Oh ! les exquises rêveries, soit sur la barque qui vous emporte à travers les ténèbres vers les îles Borromées, soit sur un simple banc où l'on entend des musiques lointaines mêlées au murmure des vagues, où l'on suit du regard les falots qui glissent sur la surface du lac ou bien le grand bateau à vapeur qui arrive, trouant la nuit de sa masse lumineuse ! Il fallait que Wagner m'appelât à Munich pour que j'eusse le courage de m'arracher à ce paradis.

Après avoir joui à Pallanza des délices de l'Italie poétique et portant aux effusions sentimentales, je vis sur la rive opposée, à Laveno, l'Italie bruyante et tintamarresque. Au moment où je descendais du bateau pour prendre le train de Milan, l'embarcadère et les quais furent envahis par une foule immense dont les clameurs délirantes étaient dominées par le vacarme assourdissant de plusieurs orphéons. Tout ce monde se démenait, gesticulait, se bousculait. Les musiciens, ainsi que les membres de plusieurs sociétés de gymnastique qui s'étaient donné rendez-vous là, étaient en grand uniforme. Tous étaient couverts de galons, de croix, de médailles, et tous secouaient d'un air triomphant les plumets et les panaches qui surmontaient leurs bicornes. Ces sociétés allaient célébrer par une grande promenade sur le lac la fête du Ferragosto. Si je suis incapable de vous dire au juste ce que c'est que cette fête, la faute n'en est point à un loquace employé de chemin de fer qui me donna les explications les plus abondantes, malheureusement dans une langue dont je ne compris pas un traître mot.

Si vous vous attendez à une description de Milan, vous serez déçus. L'intrépide marcheur qui avait fait jusque-là 150 kilomètres sous un soleil de plomb n'eut pas le courage de circuler dans les rues brûlantes de la cité lombarde. Il se fit voiturer jusqu'aux monuments que le rustre le plus barbare ne se pardonnerait jamais de n'avoir pas visités, c'est-à-dire au dôme majestueux tout fait de marbre blanc, à quelques églises comme celle de Santa Maria delle Grazie à côté de laquelle se trouve la célèbre Cène de Léonard de Vinci. C'est à peine si dans la fraîcheur du matin j'eus le courage de monter à la flèche du dôme et sur le toit où je fus surpris de voir installés des groupes de jeunes Italiennes en train de se régaler avec de larges tranches de mortadelle. Au loin à travers la brume se devinaient les montagnes; dans ma paresse je fus sur le point de leur faire un pied de nez et de les envoyer promener, si toutefois cette locution peut s'employer quand il s'agit de la chaîne des Alpes.

Le soir, après avoir essuyé sans faiblir le feu de plusieurs bataillons d'aimables personnes qui fusillaient du regard les passants et les bombardaient de *buona sera*, j'aboutis à un grand café-concert en plein air où j'eus la satisfaction d'assister à un triomphe de la France. Notre patrie était représentée par deux cabotins, homme et femme, qui débitaient les plus indécentes insanités. Le public italien ne comprenait rien aux paroles françaises, mais une mimique expressive lui en disait assez; il fit aux deux chanteurs une telle ovation que l'homme ne put s'empêcher d'y aller d'un petit speech où il remercia la nation sœur de l'accueil qu'elle faisait à l'art français. Mais comment vous dire honnêtement quel spécimen une troisième compatriote donna de cet art à ce public composé de familles entières venues là avec des enfants et derrière lequel se pressait une foule nombreuse qui assistait gratuitement au spectacle du haut d'une terrasse qui dominait le jardin? Cette dame, d'une puissante stature, chanta un premier morceau dans une magnifique robe en satin noir à longue traîne dont la sévérité aurait édifié la plus dévote adhérente de l'armée du Salut. Après une sortie rapide, elle reparut avec une modification très hardie dans son costume, tellement hardie que, même si ceux d'entre vous qui appartiennent à la Ligue contre la licence des rues me promettaient de ne pas me dénoncer, je n'oserais la décrire.

Une promenade au cimetière et une visite à la Chartreuse de Pavie bannirent le lendemain ces profanes visions de mon esprit. Le cimetière est tout à fait intéressant. Il est presque gai. Les belles galeries qui en forment l'entrée, les monuments qui les décorent ou qui sont épars sur un vaste espace riant comme un jardin révèlent chez ceux qui les ont élevés un souci de voiler les tristesses et les laideurs de la mort. Quelques tombes sont surmontées de statues, même de groupes dont l'effet, s'il est quelquefois théâtral, est souvent dramatique. Mais que l'exécution soit heureuse ou non, l'on rencontre presque partout un sentiment de l'art qui préside à l'expression de la douleur et qui en tempère l'amertume.

La Chartreuse de Pavie est une merveille incomparable. L'ensemble ne produit pas l'impression de grandeur que donnent nos belles cathédrales et n'a pas davantage l'élégante pureté des monuments grecs. L'église est un immense bijou. Dans son enceinte qui frappe par l'éclat et la richesse des matériaux, elle renferme un grand nombre de petites chapelles dont chacune est un véritable musée. La peinture, la sculpture, la ferronnerie, la marqueterie ont produit là des choses exquises. A tout moment vous êtes obligé de réprimer un petit cri de joie que vous arrache quelque travail délicat, quelque détail finement ciselé, quelque charmant chef-d'œuvre auquel des ouvriers pieux et patients ont consacré avec amour de longues années ou même toute leur existence. Rarement j'ai eu, avec une telle intensité, la sensation du joli. L'excès de la joie produisait chez moi un de ces effets physiques qui accompagnent les émotions profondes ; un frisson de volupté me courait par tout le corps. Et je me mettais à envier le sort des moines qui avaient réalisé jadis, dans cet asile, un idéal de bonheur. Ils avaient la foi qui suffisait à leurs intelligences ; ils croyaient sentir Dieu dans leurs cœurs, et leurs sens étaient charmés par le spectacle perpétuel du beau.

Puisque de nos jours ce n'est plus dans les pieuses retraites que nous espérons trouver le bonheur, on pourrait être tenté de le chercher dans un de ces sites ravissants tels que le lac de Côme où je vins à passer pour remonter de Milan vers la Suisse. Ce lac de Côme est tout simplement enivrant. Une pensée qui vient involontairement quand on le parcourt, même si l'on n'a pas l'esprit porté aux mièvreries érotiques, c'est que les amoureux doivent être bien là cachés dans ces villas roses encadrées de verdure qui semblent des nids faits tout exprès pour eux, parmi des fleurs odorantes, au pied des montagnes couvertes de châtaigniers. Même un bon wagnérien se sent quelque velléité de murmurer le refrain connu : « C'est là que je voudrais vivre, aimer et mourir... » (le plus tard possible). Malheureusement cette idée de couronner son bonheur par un séjour sur ces rives enchanteresses vient à trop de gens. Bellaggio, Cadenabbia, Menaggio, Bellano, tous ces coquets endroits sont envahis par des couples de jeunes mariés ; pour les Allemands surtout ils sont le but sacré des voyages de noces. C'étaient des couples allemands que j'entendais autour de moi sur le bateau, alors que, la nuit venue, j'admirais le décor fantastique du lac qui reflétait les innombrables lumières du rivage et d'immenses feux de joie allumés sur les hauteurs. A tout moment un bruit de gros baisers me troublait dans ma contemplation. Ce bruit est exaspérant lorsque soi-même on n'a pour tout compagnon que son guide Bædeker.

A Chiavenna, à l'issue du val Bergaglia qui mène à l'Engadine par le col de la Maloja, il fallut reprendre le harnais. Ce fut dur après ces plusieurs jours de nonchaloir. Je trouvais à chaque pas des prétextes pour m'arrêter. Une fois, il est vrai, le prétexte était plausible. Comme je passais à Villa di Chiavenna l'on sonnait la grand'messe. Je m'assis sur un banc de pierre devant l'église et je me mis à observer les villageoises qui, au moment d'y entrer, tiraient de leurs poches, pour s'en coiffer, les unes un voile de dentelle blanc, les autres un simple fichu mais également d'une blancheur éclatante. De mon côté j'eus un vif succès de curiosité. Les gamins du village avaient formé cercle autour de moi et regardaient avec de grands yeux ronds cet étranger couvert de sueur, épuisé de fatigue, échoué là. Les plus hardis s'approchèrent et cherchèrent à comprendre quelque chose à la complication des courroies et des boucles de mon sac qui leur paraissait phénoménal. L'office m'intéressa vivement. Toute l'assistance exécuta sans notes, sans direction, sans accompagnement, une messe à quatre voix d'un caractère grave et religieux. Mais les intervalles des chants étaient remplis de la manière la plus drôle par des valses, des polkas, des galops que l'organiste jouait avec une verve endiablée. Un autre arrêt me fut fatal. Exténué par la chaleur qui ce jour-là était plus forte que jamais, ruisselant de sueur, la langue desséchée, les pieds en feu, je rencontre un torrent qui coulait à l'ombre des châtaigniers. La brute, avide de fraîcheur, n'écouta pas les avis de la raison. Je retirai mes chaussures et plongeai longuement mes pieds dans l'eau glacée. Avant la fin de la journée déjà des douleurs lancinantes me firent comprendre la folie que j'avais faite et retardèrent ma marche. La nuit était venue lorsque je gravissais encore péniblement les flancs escarpés de la Maloja.

Cependant dès le lendemain matin l'air vif de l'Engadine m'avait rendu mes forces. Plein de dédain pour le bobo attrapé la veille je descendis le cours de l'Inn en longeant les jolis lacs de Sils, de Silvaplana et de Campfer. A Saint-Moritz j'avais de nouveau si bien recouvré mon énergie que non-seulement je refusai de m'accorder un peu de repos et de distractions dans cette station si saine et si mondaine au milieu d'une atmosphère d'une pureté et d'une fraîcheur admirables, mais qu'au lieu de gagner directement le Tyrol par la voie la plus rapide en continuant de suivre le cours de l'Inn, je résolus de faire un immense détour et de passer de l'Engadine dans la Valteline par le col de la Bernina. Cette route de la Bernina est de toute beauté. Pontresina qu'elle traverse est un des endroits qui m'ont le plus séduit. Je suis resté là de longues heures, couché dans une prairie, mis en extase par un crépuscule merveilleux. La montée jusqu'au col est extrêmement agréable. On admire en passant le superbe glacier de Morteratsch, et l'on a devant soi les cimes éblouissantes de l'imposant massif. Au sommet du col, à 2,330 mètres, on éprouve un bien-être inouï; on aspire à pleins poumons l'air réconfortant des grandes altitudes. Mais quelle descente épouvantable jusqu'à Poschiavo, la première localité qui offre un gîte suffisant! Arrivé sur le versant sud, on est découragé à la vue de la route, quelque pittoresque qu'elle soit, dont les courbes immenses n'aboutissent que désespérément loin, au fond de la vallée, au village de San Carlo. Le soleil darde ses rayons les plus chauds ; il semble à mesure que l'on s'éloigne du col qu'on se plonge dans une fournaise. Le soir à Poschiavo mes pieds ne me portaient plus, j'avais la tête en feu, je voyais rouge, et la nuit j'eus la fièvre.

Il eût été fou d'affronter davantage les chaleurs. Aussi me contentai-je le lendemain matin de gagner par la gorge du Brusio la petite ville de Tirano, un des centres de la Valteline, sur l'Adda, à cinq lieues de Poschiavo. Après une journée de repos et de repas plantureux arrosés des excellents vins que produit cette vallée, je pris une voiture qui me conduisit à travers un pays splendide le long du torrent furieux de l'Adda jusqu'aux vieux bains de Bormio, un amas de maisons bizarrement attachées aux flancs arides d'un rocher. Là commence à s'élever en pente assez rapide la route hardie qui relie l'Italie à l'Autriche par le col de Stelvio situé à une altitude de 2,757 mètres. La vue de cette route qui surplombe les précipices de l'Adda et s'engage en passant par une quantité de tunnels et de galeries dans une région sauvage et nue, éveilla toute ma passion d'alpiniste. A quatre heures du soir je partais allègrement à pied des bains de Bormio avec la sensation que je pénétrais dans une solitude grandiose. Aucun village ne se montrait sur mon parcours; je ne rencontrais que les maisons de cantonniers espacées de quatre en quatre kilomètres. C'est à la quatrième, qui sert en même temps d'auberge et d'observatoire météorologique, que je passai la nuit à 2,500 mètres d'altitude. Toutes les chambres étant prises, on m'installa un lit dans le cabinet exigu de l'observateur, entre une bibliothèque et une table chargée d'instruments. Un mouvement que je fis dans mon sommeil fit tomber sur moi un gros volume et une bouteille d'encre. Ainsi réveillé en sursaut, je voulus profiter de la fraîcheur de l'aube pour continuer ma route. Je pus admirer les cimes neigeuses qui sortaient peu à peu de la brume. Au sommet du col de Stelvio je fus saisi par la beauté du massif de l'Ortler. Il semblait que je dusse commencer à être blasé et qu'il dût falloir des spectacles extraordinaires pour exciter mon enthousiasme. Eh bien! ce spectacle extraordinaire, l'Ortler me l'offrit, et je ne fus pas moins ému qu'à l'aspect du massif du Mont-Blanc. La descente du Stelvio par Franzenshœhe jusqu'à Trafoi fut même la plus belle partie de mon voyage qui en avait eu pourtant de merveilleuses. Un moment un bruit formidable remplit les vallées d'alentour. En levant les yeux je vis une sorte de fumée très blanche qui flotta pendant quelques instants au-dessus d'un abîme. Je compris qu'une avalanche avait passé par là.

C'est les yeux éblouis, l'âme enchantée, mais les pieds horriblement enflés que je vins dans la vallée de l'Adige, à Mals. Je m'aperçus alors que j'avais fait sans m'en rendre compte 45 kilomètres dans la journée, mais que cette étape serait forcément la dernière. Mes pieds me refusaient tout service et pourtant mon état général était excellent. Il fallut me contenter d'un total de 320 kilomètres faits à pied et me résigner à parcourir en voiture les quarante lieues qui me séparaient encore de Partenkirchen, la petite ville du Tyrol bavarois où je me proposais de prendre le train pour Munich. En sortant de la vallée de l'Adige je jetai un coup d'œil en arrière sur les sommets de l'Ortler, toujours resplendissants sur le fond bleu du ciel, et je rentrai par le sombre et pittoresque défilé de Finstermünz dans la vallée de l'Inn que j'avais quittée à Saint-Moritz. Toute cette partie du cours du fleuve comprise entre Finstermünz et Landeck présente de très beaux points de vue, et, quoique je fusse confortablement étendu dans un excellent landau, je maudissais mon sort qui me forçait à la traverser trop vite à mon gré. A Landeck je pris la belle ligne de l'Arlberg jusqu'à Imst; au lieu de faire le tour par Innsbrück que je connaissais déjà, je me fis transporter d'Imst à Partenkirchen en passant par Lermoos, au pied des rochers énormes de la Zugspitze. En outre de ces gigantesques masses de pierre, une chose qui frappe particulièrement dans ce trajet qui est ravissant d'un bout à l'autre, ce sont de petits lacs perdus au milieu des sapins et dont les eaux sont d'un vert étrange.

Partenkirchen est un centre d'excursions magnifiques. Malheureusement elles m'étaient interdites. J'eus la force, je devrais dire la folie, d'aller visiter à trois kilomètres de la ville le ravin de la Partnach, une gorge étroite et sombre comparable à celles du Fier. Une galerie suspendue au rocher au-dessus du torrent qui mugit furieusement permet de traverser le ravin dans toute sa longueur. Un faux pas que je fis là-dedans me causa une douleur tellement atroce que je faillis m'évanouir et m'avertit qu'il était le plus grand temps d'aller me reposer à Munich.

Le récit de l'existence délicieuse que j'ai menée pendant quatre semaines dans la capitale bavaroise sortirait du cadre, que j'ai déjà trop élargi, de cette lecture. Mon principal plaisir consista certainement dans l'audition des œuvres de Wagner. Mes pérégrinations qui m'avaient mis en contact intime avec la nature m'avaient merveilleusement préparé à bien jouir de cette musique qui, délivrée de toute forme conventionnelle, parle directement et puissamment à l'âme. Mais Munich offre aussi des ressources aux personnes qui ne sont pas wagnériennes. C'est une ville que l'on ne quitte qu'à regret quand on a bien appris à la connaître.

Je ne voudrais pas finir sans vous avoir instamment recommandé la marche comme le meilleur moyen de donner à un voyage tout son intérêt. Le grand poète anglais, Byron, a dit : « Les paresseux trouveront, s'ils veulent, que ce sont des courses insensées et s'étonneront que des hommes puissent quitter leur confortable voiture pour suivre une route fatigante et faire de longues, de longues lieues. Oh! il y a une douceur dans l'air des montagnes, il y a une vie là-haut dont les ventrus préoccupés de leurs aises ne peuvent espérer avoir jamais leur part. » Combien j'ai éprouvé la vérité de ces paroles! Des nombreux pays que j'ai visités dans ma vie aucun ne m'a laissé des souvenirs agréables et profonds comme ceux que je rapporte de mes longues marches à travers la Haute-Savoie, la vallée du Rhône, l'Engadine, la Valteline et le Tyrol. Les fatigues que j'ai endurées ne m'empêcheront pas de recommencer l'été prochain. Elles sont oubliées depuis longtemps et il me reste de mon entreprise une provision de santé et de belle humeur que les excursions organisées par la Section d'Auvergne entretiendront, j'en suis sûr, jusqu'au retour de la saison des voyages.

A. EHRHARDT.

www.ingramcontent.com/pod-product-compliance
Lightning Source LLC
Chambersburg PA
CBHW071447060426
42450CB00009BA/2311